OBSERVATIONS

ADRESSÉES

A MONSIEURS LE PRÉFET

DU DÉPARTEMENT DE LA SEINE

ET A MESSIEURS

LES MEMBRES DU CONSEIL MUNICIPAL

SUR LE MOYEN

DE

RÉTABLIR LA TRANQUILLITÉ

PAR LE TRAVAIL, A ASSURER

AUX CLASSES OUVRIÈRES.

EXAMEN DES TRAVAUX

LES

PLUS PROPRES A ATTEINDRE CE BUT.

TRAVAUX QUE PEUVENT FAIRE NAITRE LES DÉCISIONS D'ALIGNEMENT.

EXEMPLE TIRÉ DU PROLONGEMENT DE LA RUE HAUTEVILLE.

PROJET D'UNE DISTRIBUTION GÉNÉRALE D'EAU DANS PARIS.

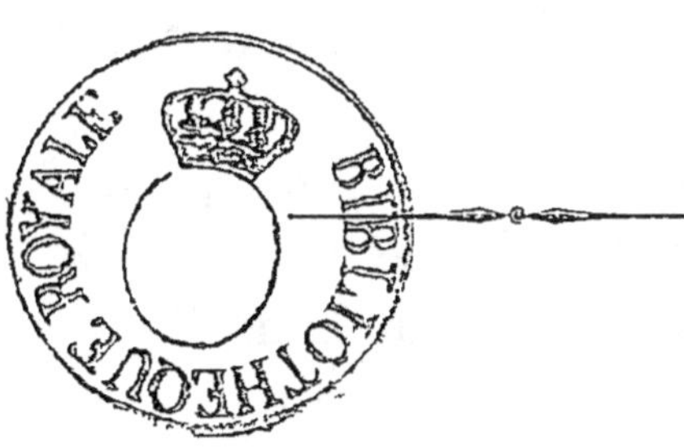

Paris.

AU CABINET DE LECTURE, RUE FAYDEAU, N°. 11.

VIS-A-VIS LA PETITE RUE MONTMORENCY.

1831.

DES TRAVAUX DE PARIS

CONSIDÉRÉS COMME MOYEN D'ASSURER

LA TRANQUILLITÉ PUBLIQUE.

D'après la manière dont retentissent au dehors les moindres commotions qui ont lieu à Paris, on peut poser en principe que c'est de la tranquillité de cette ville que dépend en ce moment celle de la France et peut-être de l'Europe entière.

Cette tranquillité est le vœu des honnêtes gens de toutes les opinions. Elle est le besoin dominant de tous les intérêts.

Ceux-là seuls peuvent vouloir la troubler, pour qui le désordre est le seul moyen d'existence ou de succès.

Il y aurait à la fois injustice et erreur complète à ranger dans cette classe l'artisan qui, dépendant pour son existence du produit de sa journée, a le plus grand intérêt, au contraire, à ce que rien ne vienne en troubler l'emploi.

Mais quand le travail vient à lui manquer, les tourmens du besoin le rendent accessible à toutes les séductions, et si des agitateurs ont intérêt à exciter des troubles, il devient, sous leur influence et contre son propre intérêt, l'instrument du désordre.

Toutefois, c'est plutôt par entraînement que de leur propre mouvement, que les ouvriers prennent part aux émeutes. Presque toujours étrangers aux motifs qui les occasionent, et le plus souvent victimes de leurs résultats, la seule cause véritable d'irritation qui existe pour eux est le manque d'ouvrage.

Qu'on se hâte de procurer à ces hommes qui, même dans leurs excès, ne sont qu'égarés, le travail qui leur manque; et les agitateurs, n'ayant plus la misère et le désœuvrement pour auxiliaires, seront sans influence pour exciter des troubles.

Le secret de la tranquillité consiste donc à assurer du travail aux classes ouvrières; et comme cette tranquillité est devenue en quelque sorte la condition de toutes les existences, un des soins les plus importans de l'administration est de faire naître au plutôt les occasions de travail qui doivent en être la base.

C'est sous ce point de vue que nous allons examiner quels sont les principes qui doivent diriger l'administration dans le choix des travaux à ouvrir pour cet objet.

La ville de Paris et le gouvernement lui-même ne peuvent fournir, pour leur propre compte, assez de travaux pour satisfaire à tous les besoins. Le budget entier n'y suffirait pas.

Les travaux publics, par leur nature et leur spécialité, offrent d'ailleurs peu de variété, et sont, en général, un faible débouché pour nos produits industriels (1).

(1) En effet, ces travaux ont plus particuliérement pour objet des ouvrages de terrasse, des monumens, des édifices isolés, qui, tout importans

Les travaux particuliers, au contraire, ceux surtoi
qui ont des constructions de maisons pour objet, sont une
source féconde et variée d'ouvrages de tous genres, et, de
plus, un débouché précieux pour nos diverses industries. Cette espèce de travaux est, sous tous les rapports,
celle qui offre le plus de ressources aux besoins du moment (1).

Bornée comme elle l'est dans ses moyens financiers,
l'administration doit moins chercher à ouvrir pour son
propre compte des travaux qui absorberaient ses ressources sans atteindre son but, qu'à faire naître des occasions de travaux particuliers, en faisant sortir de ses cartons beaucoup de projets préparés depuis long-temps,
dont l'indécision tient en suspens une foule de choses
utiles, et en employant les fonds dont elle peut disposer,
à exécuter au plutôt les travaux préliminaires de son res-
sort qui peuvent être nécessaires à l'ouverture des
autres.

Le principe à observer dans le choix de ces projets

qu'ils peuvent être, n'occupent que quelques classes d'ouvriers, et dans
lesquels il n'entre guère en produits industriels que les matériaux mêmes
dont les constructions se composent.

(1) La construction d'une maison, indépendamment de ce qu'elle emploie
les mêmes classes d'ouvriers et les mêmes matériaux que les travaux publics,
occupe une foule d'autres industries par son arrangement intérieur, et
surtout par son ameublement ; et comme les maisons nouvellement con-
struites offrent en général plus de commodités et d'agrément que les an-
ciennes, celui qui, pour le prix auquel il etait mal logé, trouve à se procurer un appartement sain, frais, et bien distribué, n'hésite pas à quitter
la vieille maison pour en occuper une nouvelle.

Mais le mobilier qui garnissait son ancien appartement, ne convient
plus au nouveau : il faut donc le changer.

Première occasion de travail pour bien des industries.

D'un autre côté, le propriétaire de la vieille maison, qui perd ses
locataires, parce que ses appartemens ne conviennent plus, s'empresse de
les faire restaurer et embellir, pour ne pas laisser sa maison sans produit.
Souvent même il se trouve entraîné à la reconstruire entièrement.

Nouvelle occasion de travail dont les conséquences s'étendent à l'infini.

doit être de donner la préférence à ceux qui, avec le moins de dépense pour le trésor public, devront fournir à la spéculation le plus de travaux particuliers, surtout de cette espèce de travaux qui, par leur nature et leur variété, doivent procurer le plus d'ouvrage aux ouvriers et d'écoulement aux produits de nos fabriques.

Des remuemens de terre comme ceux qui ont eu lieu aux Champs-Élysées et au Champ-de-Mars, ne sont point du tout l'espèce de travaux qui convient.

Il en est à peu près de même de l'abaissement du boulevart de la Madeleine. Tout en voyant avec plaisir l'embellissement qui en est résulté pour ce quartier, on peut mettre en doute si c'est bien là le meilleur emploi qu'il y avoit à faire des 30 à 40,000 francs qu'a pu coûter ce luxe de nivellement.

De pareils travaux ne peuvent être considérés que comme des sacrifices qu'il a fallu faire aux nécessités du moment, ou comme des secours de charité à réserver aux malheureux que leur faiblesse rend incapables d'un travail plus pénible.

Il faut, pour les véritables ouvriers, des travaux plus réels et plus productifs. Il les faut plus variés, pour en occuper de tous les genres. Il les faut surtout d'une plus longue durée, pour assurer l'existence des ouvriers et notre repos pendant plus long-temps.

Au risque de nous trouver en opposition avec quelques opinions dont les journaux ont été l'organe, nous mettrons encore au nombre des travaux qui ne nous paraissent pas atteindre le but proposé, les embellissemens projetés pour la place de la Concorde. Dans la position financière de la ville de Paris, deux millions et plus employés à embellir une promenade déjà fort belle dans son état actuel, nous paraissent être, sous

tous les rapports, une dépense susceptible d'ajourne-
ment.

Des travaux de ce genre, qui ne sont pas de nature
à en entraîner d'autres de la part des particuliers, sont
ce qu'on peut appeler des dépenses sèches que ne com-
porte pas la situation du trésor, et qui seraient tout-
à-fait stériles pour l'objet qu'on se propose.

Nous serions tentés d'en dire autant de presque tous
les autres travaux ordonnés par l'administration, non
pas que nous prétendions en contester l'utilité ou la
convenance, mais par suite du principe que nous avons
posé que, dans l'impossibilité où se trouve l'administration de suffire à tous les besoins par ses propres travaux, elle doit employer de préférence le peu de fonds
dont elle peut disposer à faire renaître ceux de la spéculation, soit en rendant exécutables par des concessions
plus larges qu'elle ne l'aurait fait en d'autres temps les
projets qui en présentent le plus d'élémens, soit en exé-
cutant elle-même les parties de ces projets qui peuvent
donner l'impulsion aux autres.

Un exemple rendra cela sensible :

On a cru devoir affecter une somme de 275,000 francs
à l'arc de triomphe de l'Étoile. Ce sera sans doute une fort
belle chose que cet arc de triomphe. Mais quel sera, sous
le rapport qui nous occupe, le résultat des 275,000 fr.
qu'on a cru devoir y appliquer? Du travail, *jusqu'à concur-
rence de cette somme, pour une seule classe d'ouvriers,*
après quoi il faudra créer d'autres travaux et chercher
d'autres fonds pour leur procurer de nouveaux moyens
d'existence.

Que si, au lieu d'engloutir cette somme de la sorte, on
l'eût employée à décider une de ces grandes questions d'a-
lignement qui entraînent la création ou l'arrangement de

tout un quartier, le but n'aurait-il pas été mieux atteint et l'argent beaucoup mieux employé sous tous les rapports? Car, d'une part, ces 275,000 francs bien répartis, auraient donné lieu à une foule de travaux particuliers qui, en se succédant, auraient dispensé la ville de l'obligation d'en créer, et de l'autre il en serait résulté pour elle et pour l'état un revenu immédiat et certain, 1°. par les droits à percevoir sur les matériaux et sur la consommation des ouvriers employés aux constructions; 2°. par les contributions que rapporteraient ces constructions.

De l'argent employé de la sorte aurait été moins une dépense qu'un excellent placement, et aurait fourni plus d'élémens de tranquillité que n'en produiront toutes les pierres qu'on pourra entasser sur l'arc de triomphe.

En principe, il faut des travaux de nature à en produire d'autres, et surtout de cette espèce de travaux qui, par leur variété, sont de nature à occuper des ouvriers de tous genres.

Or, la source la plus féconde en travaux de cette sorte est sans contredit la prompte décision des alignemens dans les quartiers favorables aux constructions. C'est là qu'avec quelques cent mille francs de sacrifices faits à propos, l'administration peut faire surgir de suite pour plusieurs millions de travaux particuliers d'une extrême variété, qui fourniront du travail à un grand nombre d'ouvriers, et des débouchés de tout genre aux produits de nos fabriques. Ce moyen est à la fois le plus économique et le plus efficace pour assurer la tranquillité et raviver bien des industries.

Sans croire à une nouvelle fièvre de constructions, il est permis de supposer que les capitaux et l'industrie qui ont aujourd'hui si peu d'emploi, n'hésiteraient pas à se caser, au moins provisoirement, dans des spéculations matériellement sûres, dont l'administration peut faire naître facilement l'occasion, et que favoriserait le bon marché auquel s'obtiendraient en ce moment les matériaux de toute espèce et la main d'œuvre.

Mais, pour obtenir ce résultat, il faut que l'administration se pénètre bien de l'urgence et du véritable but de ces travaux, et que dans les mesures qu'elle a à prendre pour en accélérer l'ouverture, elle ne les considère pas comme de simples embellissemens pouvant supporter impunément plus ou moins de retards, mais comme le seul moyen d'assurer la tranquillité publique, et de dégager la marche du gouvernement d'une foule de contrariétés qui l'entravent. Ce n'est pas le cas des longues délibérations, ni de ces ajournemens sans fin qui éternisent les affaires administratives les plus simples. Il faut que, secouant ses vieilles habitudes de lenteur et de fiscalité, à mesure qu'un projet est reconnu propre à atteindre le but proposé, l'administration le mette de suite en état d'exécution, et cela comme le font les particuliers dans les affaires privées, c'est-à-dire en abordant franchement les difficultés, pour résoudre de suite, par des transactions larges et équitables, tout ce qui peut s'arranger de la sorte; en abandonnant, pour le remplacer par d'autres combinaisons, ce qui paraît présenter des obstacles insurmontables; et, enfin, en usant des moyens que la loi lui donne pour faire décider par les tribunaux, ce que des prétentions exagérées de l'intérêt privé ne permettraient pas de régler autrement.

En s'y prenant de la sorte, l'administration verra disparaître une foule de difficultés, qui ne sont souvent que la réciprocité de celles qu'elle fait éprouver elle-même, ou qui, plus souvent encore, n'ont d'importance que celle qu'elle leur donne par le peu d'efforts qu'elle fait pour les résoudre.

Ici, toutefois, la justice nous oblige à reconnaître que des améliorations sensibles ont déjà eu lieu dans l'administration de la haute voirie, celle dont dépend peut-être en ce moment la tranquillité de la France. Les trois préfets de la Seine qui se sont succédé depuis les événemens de juillet, ont senti de quelle importance il était de créer au plutôt des moyens de travail, et ils ont rivalisé de zèle pour exhumer tout ce qui pouvait en fournir. Secondés par une administration retrempée, peu de jours leur ont suffi pour mettre en état beaucoup de projets dont plusieurs années de prétendu travail avaient à peine ébauché l'étude, et tout fait espérer que le caractère d'urgence et d'utilité publique que la gravité des circonstances leur imprime, suggérera à l'administration les moyens de les mettre promptement à exécution.

Jamais l'occasion n'a été plus favorable pour lever certains obstacles d'intérêt privé qui font quelquefois avorter les projets d'alignement les mieux conçus. Il ne s'agit pas de simples embellissemens pour lesquels on peut ne pas se faire scrupule de faire payer un peu cher son consentement ou son concours. Il s'agit de créer, dans l'intérêt de tous, des moyens d'existence pour les classes nombreuses qui en manquent; d'empêcher par là de nouveaux désordres; d'assurer, à ceux qui possèdent, la jouissance paisible de ce qu'ils ont; et lorsque les projets dont l'administration peut espérer ces heureux effets ne sont que l'exécution même des lois, et doivent en définitive avoir pour résultat l'amélioration des propriétés qu'ils peuvent atteindre, quel serait le propriétaire assez égoïste, assez ennemi de lui-même pour entraver sans motifs fondés, ou par des prétentions évidemment excessives, ce que réclament si impérieusement la gravité des circonstances, son propre intérêt, et le cri si puissant de l'intérêt public?

Que l'administration donne elle-même l'exemple d'une marche large, franche et surtout expéditive, et elle trouvera les intérêts particuliers plus traitables ; qu'elle aborde avec une ferme volonté d'exécution les améliorations qui ont évidemment l'intérêt général pour objet, et elle sera toujours appuyée dans ses projets par l'opinion publique dont l'influence l'aidera puissamment à lever les obstacles qui n'auraient pour fondement que les prétentions déraisonnables de l'intérêt privé.

Après avoir fait à l'administration la part des reproches qu'elle peut mériter, il est juste de dire qu'elle a eu quelquefois pour complice de ses torts le conseil municipal, tuteur sévère sans lequel elle ne peut agir, et qui, à ce titre, mérite bien quelques-uns des reproches dont elle est l'objet.

Là aussi il a existé, et il existe peut-être encore de vieilles traditions de lenteur et de fiscalité. Là, aussi, on s'est habitué à voir traîner les affaires en longueur, et à regarder comme insolubles des difficultés qui ne demandaient, pour être levées, que la volonté de les résoudre. C'est aux hommes nouveaux, qui ont pris place dans le conseil, à secouer les influences du passé, et à examiner, comme si elles étaient nouvelles, les affaires contre lesquelles il a pu exister des habitudes de lenteur ou des préventions d'insolubilité. Déjà, sous la courte administration de M. de Laborde, il a suffi d'une semaine de véritable travail pour mettre en état des projets qu'après dix ans d'étude on ne trouvait *pas encore mûrs*.

Les dossiers de la voirie font foi du zèle de M. Odilon-Barrot à entretenir l'heureuse impulsion donnée par son prédécesseur; et l'un des premiers soins de M. de Bondy, à son arrivée à la préfecture, a été de se faire représenter et d'étudier par lui-même les projets dont il pouvait résulter le plus d'occasions de travail pour les classes ouvrières.

Espérons que cette louable émulation sera entretenue et secondée par l'appui du conseil municipal qui s'empressera sans doute aussi de réparer la part qu'il a pu avoir aux torts de l'ancienne administration.

C'est avec cette franchise de vérité, et comme application des principes que nous venons de développer, que nous croyons devoir appeler l'attention du conseil sur les ressources qu'offriraient à l'administration, en travaux de tous genres, une foule d'affaires de voirie qui, depuis nombre d'années, languissent presque oubliées dans ses bureaux; et pour exemple il nous suffira d'en citer une seule qu'on peut regarder comme le type de toutes les autres, par la réunion qu'elle présente de tout le mal que peut faire et de tout le bien que peut empêcher une mauvaise direction donnée aux affaires de ce genre.

Cette affaire est le projet qui a pour objet de donner à la rue Hauteville l'issue directe sur le boulevart, que réclame l'importance des communications dont elle est devenue le centre; de remédier aux désordres et à la malpropreté de la rue Basse-Porte-Sainte-Denis, par la suppression de cette rue, conséquence naturelle de la rampe qui doit former le prolongement de la rue Hauteville: enfin d'adoucir, autant que peuvent le permettre les intérêts du quartier Bonne-Nouvelle, ce qu'a de trop rapide la butte qui conduit de la Porte Saint-Denis au boulevart Poissonnière.

Tout, dans ce projet, a le caractère bien prononcé d'utilité publique, et, sous le rapport qui nous occupe, son résultat immédiat serait, d'une part, de raviver les travaux dans le nouveau quartier Poissonnière par la communication directe qu'il lui donnerait avec le boulevart, et, de l'autre, d'en faire naître pour plusieurs millions sur les 7 à 8,000 toïses de terrains vagues ou mal bâtis, qui sont situées entre la rue Hauteville, la rue de l'Échiquier et celle du Faubourg-Saint-Denis, c'est-à-dire, dans une des positions les plus favorables aux constructions, et qui, si elles étaient mises en contact avec le boulevard, par la suppression projetée de la rue Basse-Porte-Saint-Denis, ne tarderaient pas à appeler la spéculation.

Il y a en outre nécessité, de la part de l'administration, de décider promptement le plan du quartier, pour la mettre à même de répondre aux demandes d'alignement qui lui sont faites ; demandes urgentes et auxquelles elle ne peut différer plus long-temps de satisfaire, sans commettre, envers ceux qu'elles intéressent un déni de justice, un véritable attentat à la propriété (1).

---

(1) En 1824, plusieurs propriétés furent achetées dans la rue Basse-Porte-Saint-Denis, avec l'intention d'en tirer le parti que comportaient leur importance et leur situation. Les constructions informes, mais cependant lucratives, dont elles étaient couvertes, furent détruites des baux rachetés, des plans faits, des marchés passés, et enfin jusqu'aux tranchées ouvertes pour les fondations de nouvelles constructions. Ce fut alors seulement que les propriétaires apprirent qu'ils ne pouvaient aller plus avant sans se faire donner un alignement et un nivellement par la voirie. Quel fut leur étonnement lorsqu'à la demande qu'ils en firent, ils reçurent pour réponse qu'on ne pouvait non-seulement les leur donner de suite, mais

La dépense des travaux à faire par la ville, pour l'exécution du plan proposé, dépasse à peine 40,000 francs (rapport de l'inspecteur général de la voirie, du 26 août 1830); sur quoi les propriétaires de la rue Hauteville ont, à plusieurs reprises, et tout récemment encore, offert de prendre à leur charge ce qui a rapport à la construction de la rampe.

Fruit de longues études de la part de l'administration, et résumé de cinq ou six projets qui en ont été les antécé-

même les leur promettre pour une époque quelconque, attendu que le plan du quartier qui devait les fixer n'était pas arrêté, et qu'on ne pouvait prévoir quand il le serait.

Force leur fut donc de combler leurs foundations, de résilier les marchés passés avec les entrepreneurs, et enfin de laisser leurs propriétés sans emploi, regrettant bien les constructions dont ils les avaient si chèrement débarrassées, et ne pouvant en établir d'autres, attendu qu'en même temps que l'administration refusait l'alignement demandé, elle défendait de construire sur l'ancien.

Depuis cette époque, les propriétaires n'ont pas cessé de renouveler leur demande, et toujours sans succès; et, après sept ans d'instances de toute espèce, leurs propriétés se trouvent encore dans le même état d'improduction, et, de plus, grevées de sept années d'intérêts et des contributions qu'elles n'en ont pas moins eu à supporter.

A la même époque, un propriétaire de l'impasse des Filles-Dieu, ayant été obligé d'abattre le mur de façade de sa maison, pour le réparer, l'administration dut, aux termes des règlemens, l'empêcher de le reconstruire; et, comme on ne pouvait pas lui donner d'alignement pour en construire un nouveau, sa maison est restée entièrement ouverte, et par conséquent inhabitée pendant deux ans, après lesquels on lui permit enfin une reconstruction provisoire pour expulser les vagabonds dont elle était devenue le refuge.

Ainsi, d'un côté, l'administration empêche de construire, et même de réparer autrement que sur l'alignement qu'elle se réserve de prescrire, et, de l'autre, à toutes les demandes qu'on lui fait de cet alignement, elle répond qu'elle ne peut le donner faute d'un plan arrêté pour l'arrangement du quartier.

Les propriétaires, dont ce refus d'alignement paralyse depuis si long-temps les propriétés, ne doivent-ils pas regarder comme un leurre les cinq ou six projets dont l'administration les a successivement bercés depuis dix ans, sans avoir jamais sérieusement travaillé à en rendre aucun définitif? et ne sont-ils pas fondés à reclamer de l'administration le dédommagement du tort bien réel que sa négligence leur a causé? (*Note communiquée.*)

dens, on ne peut mettre en doute si ce projet est conforme aux lois qui régissent la matière. L'administration, qui avait à satisfaire à de justes impatiences, n'aurait pas, après dix ans d'attente, proposé, pour y faire droit, un plan qu'il ne serait pas en son pouvoir de rendre exécutable.

Aussi, lors de la publication qui en a été faite le 19 juin 1829 à la mairie du 3ᵉ. arrondissement, n'a-t-il été l'objet d'aucune opposition formelle, et les difficultés que peut présenter son exécution sont de celles qui se rencontrent dans toutes les affaires de ce genre, et que l'administration a en son pouvoir tous les moyens de résoudre; d'ailleurs, depuis deux ans que, par le procès-verbal de sa publication, l'administration connaît les objections auxquelles il pouvait donner lieu, elle a pu les apprécier, et si elle ne l'a pas modifié ou remplacé par un autre, c'est qu'aucune de ces objections ne lui a paru de nature à en empêcher l'exécution.

Pour ceux qui n'ont pas l'expérience des lenteurs administratives, il sera difficile de concevoir comment un projet qui réunit tant d'avantages, et qui ne présente aucune difficulté sérieuse, en est encore à recevoir la solution que réclament tant d'intérêts publics et privés qui s'y rattachent.

Une circonstance fort grave a dû cependant faire sentir à l'administration ce que de pareilles lenteurs peuvent avoir de funeste, même dans son propre intérêt.

Après les événemens de juillet, la nécessité de procurer de l'ouvrage aux ouvriers faisait chercher partout des occasions de travaux. Le projet de la rue Hauteville convenait trop bien au but qu'on se proposait pour qu'il ne se présentât pas un des premiers, et tout devait faire croire qu'il était un des plus mûrs pour l'exécution.

Il n'en était malheureusement pas ainsi. Depuis son retour de la mairie, le projet était resté dans les cartons, probablement pour y compléter la quarantaine (1) dont il paraît destiné à subir l'épreuve.

Toutefois, grâce à l'activité de M. de Laborde, alors préfet, et aux instances pressantes du respectable maire du 3e. arrondissement, quelques jours suffirent pour en secouer la première poussière. Toute l'administration mit la main à l'œuvre, et, le 26 août 1830, un rapport de l'inspecteur-général de la grande voirie le mit en état d'être présenté au conseil municipal.

On devait s'attendre à une prompte solution ; mais, par une fatalité qui semble attachée à cette affaire, tout ce zèle n'aboutit qu'à la faire changer de carton.

Sous l'administration de M. Odilon-Barrot, de nouveaux troubles firent chercher de nouveaux moyens de travail. Le projet de la rue Hauteville fut encore rappelé et recommandé au conseil municipal de la manière la plus pressante, par un rapport spécial du préfet ; mais, au même moment, le conseil fut renouvelé presque en entier ; et le malheureux projet qui, par son ancienneté, était devenu presque un sujet d'ennui pour le petit nombre d'anciens membres qui y restèrent, ne se trouva pas assez mûr pour être discuté de suite par les nouveaux.

Espérons que la troisième apparition qu'il va faire au conseil sera plus heureuse que les autres, et que les classes ouvrières et l'industrie ne seront pas pri-

______

(1) D'après un rapport qui a été fait sur cette affaire au conseil municipal par M. Odilon-Barrot, comme préfet de la Seine, son origine remonte à 1792.

vées plus long-temps des ressources qu'il peut leur procurer.

Rien ne manque maintenant à son étude. Les chefs de
l'administration et les trois préfets qui se sont succédé
depuis les événemens de juillet, sont venus en reconnaître
eux-mêmes, sur les lieux, l'utilité ou plutôt l'indispen-
sable nécessité. Ils ont vu dans quel état de désordre sa
trop longue indécision laisse tout le quartier, et le pré-
judice véritable qui en résulte pour une foule de propriétés. Ils ont consulté et cherché à concilier tous les intérêts.
Enfin, et surtout, ils ont reconnu quelle source abon-
dante de travaux ce quartier pourra fournir lorsque sa
réunion au boulevart l'aura fait sortir de l'état d'abjection
et de nullité dans lequel le maintient sa position enfon-
cée et l'indécision de ses alignemens.

Il ne leur a pas non plus échappé de reconnaître l'a-
vantage tout particulier que présenteraient, dans l'intérêt de la tranquillité publique, des travaux ouverts
dans une position en vue de tout Paris, où ils seraient, à
la fois, pour les ouvriers, une preuve ostensible de l'empressement de leurs magistrats à leur procurer de l'ouvrage, et pour tous les habitans de la capitale un gage
de sécurité.

De son côté, M. le préfet de police, qui a sans cesse des
scènes de désordre à réprimer dans la rue Basse-Saint-
Denis, et qui sait de quelles infâmes habitudes ses im-
passes sont chaque jour le théâtre, a renouvelé auprès
de M. le préfet de la Seine les observations qu'il lui a si
souvent adressées sur la nécessité d'apporter aux désordres de cette rue le seul remède radical qui puisse y
mettre fin, c'est-à-dire un arrangement définitif du quartier qui fasse disparaître les vices de localités qui les fa-
vorisent.

Tout se réunit donc pour rendre la décision de cette affaire aussi urgente qu'elle doit être facile, si le conseil municipal veut seconder le zèle vraiment empressé qu'y met aujourd'hui l'administration.

Après cet exemple des ressources que l'administration peut trouver dans les affaires d'alignement pour faire naître des occasions de travail, il ne sera pas hors de propos de lui rappeler, dans le même but, une autre affaire, qui, combinée avec des décisions d'alignement, en deviendrait une source intarissable; c'est le projet ébauché depuis long-temps pour une distribution générale d'eau dans Paris.

Quoi de plus convenable au but qu'on se propose, qu'une entreprise dont l'exécution doit traverser Paris dans tous les sens et occasioner sur son passage une foule de changemens, de raccordemens et de constructions de toute espèce?

En dégageant ce projet des difficultés dont on l'a hérissé, et surtout en le rendant national par l'emploi exclusif de produits indigènes, les soumissionnaires ne manqueront pas pour l'exécuter promptement, sans que la ville ait un sou à débourser, ce qui rentrerait parfaitement dans les principes que nous avons posés et dans les convenances de sa position.

Nos forges, dont les perfectionnemens se développent avec une persévérance vraiment admirable, au milieu des circonstances pénibles contre lesquelles elles ont à lutter, fourniront facilement toutes les fontes convenables; et cette fabrication serait une ressource précieuse pour leurs nombreux ouvriers qui commencent à devenir

un fardeau bien pesant pour des établissemens en souf-
france.

Par la prompte décision des affaires de ce genre, l'administration aurait l'avantage de pourvoir à beaucoup de
besoins, sans autres frais de sa part qu'un peu plus de cé-
lérité dans ses décisions, un peu moins de fiscalité ou de
rigorisme dans ses formes, et de *faibles* sommes *large-
ment* dépensées pour ouvrir la voie aux travaux particuliers, et aplanir quelques difficultés.

Il est reconnu, même par l'administration dans ses
jours de franchise, que tout ce qu'elle fait par elle-même
en travaux, distributions de secours, etc., coûte beaucoup
et produit peu. Les moyens sur lesquels nous appelons
son attention coûteraient peu et produiraient beaucoup;
ce qui nous semble mieux convenir, sous tous les rapports,
aux besoins du moment.

En rappelant à l'administration les ressources qu'elle
possède pour satisfaire aux besoins impérieux que les circonstances lui imposent, nous croyons remplir un devoir
que s'empresseront sans doute d'imiter ceux qui, en exa-
minant notre situation politique, y reconnaîtront comme
nous que le seul moyen de remédier à ce qu'elle peut
avoir d'inquiétant, est de faire naître au plutôt, sur tous
les points, d'abondans moyens de travail.

Disons-le franchement. Les événemens de juillet ont
dérangé beaucoup d'existences, et n'ont pu encore en créer
de nouvelles. La difficulté de vivre commence à se faire
sentir d'une manière sérieuse dans toutes les classes où le

travail et l'industrie en sont le seul moyen. Les ressources que la prévoyance avait pu se ménager s'épuisent, et bientôt l'impérieuse voix du besoin se fera entendre avec cette violence qui étouffe toutes les autres.

D'un autre côté, les craintes que cet état de choses fait naître retiennent, ce que pourraient faire pour y mettre fin, les personnes dont les capitaux et l'industrie sont depuis long-temps sans emploi.

Qu'en procurant aux uns des moyens de travail on assure aux autres de la sécurité et des occasions de profits, et, la tranquillité devenant alors le besoin de tous, chacun reprendra naturellement les habitudes paisibles qui peuvent seules la rendre durable. L'homme dont le travail assure l'existence, et celui dont les spéculations prospèrent, sont nécessairement amis de l'ordre, et ce n'est pas de nos ateliers florissans que sortiront des instrumens de troubles.

Mais qu'on ne se fasse pas illusion; il y a urgence dans les mesures à prendre. Les besoins, il faut le dire, sont aussi immenses que pressans. Quelques mois seulement nous séparent de l'hiver, et, soit que nous ayons la guerre, soit que nous conservions la paix, ces besoins ne peuvent que s'accroître; dans le premier cas, par les nouveaux désastres qu'éprouveraient nos diverses industries; et, dans le second, par la rentrée dans leurs foyers d'une foule d'hommes qui auront à se créer de nouveaux moyens d'existence.

C'est à l'administration et au conseil municipal à combiner leurs efforts pour en faire naître. Leurs archives en renferment des sources immenses ; il ne s'agit que de les y puiser avec la ferme volonté de les mettre à exécution, et de perdre une bonne fois la funeste habitude de tout paralyser en faisant tout traîner en longueur.

La spéculation, impatiente de son inaction, ne demande qu'à en sortir ; et, d'après l'empressement avec lequel on a vu toutes les classes voler au-devant du dernier emprunt, alors qu'on espérait en affranchir l'état, il est permis de croire que des entreprises évidemment bien conçues, et qui auraient le double mérite de procurer un placement sûr aux capitaux et de contribuer au maintien de la tranquillité, trouveraient de l'appui dans le patriotisme, ou au moins dans l'intérêt bien entendu de ceux qui, ayant beaucoup à conserver, ont plus que d'autres, à redouter les troubles et l'anarchie.

* * *

Notre but, en adressant ces observations à l'administration a été de contribuer, autant qu'il dépend de nous, à faire cesser cet état de malaise qui menace de miner toutes les existences, et qui toutefois n'a pour cause que la dispersion momentanée de nos moyens de prospérité, occasionée par une révolution qui doit en définitive en raffermir les bases.

Cette prospérité, la France en possède toujours les élémens, et, si quelques agitations politiques ont pu en détourner le cours, elles n'en ont pas détruit le principe.

Elle renaîtra le jour où, satisfaits des libertés que nous assurent nos institutions, nous saurons mettre fin à des agitations politiques qui n'ont plus de cause fondée, pour la chercher de nouveau dans la reprise du travail qui peut seul en assurer le retour.

Heureux pays, qui pour prospérer n'a qu'à le vouloir !

Tout ce qu'elle a été, la France peut l'être encore.

Trente millions d'hommes, ayant tous les moyens d'être heureux, y parviendront facilement quand ils en chercheront l'exécution dans le travail devenu la base de la tranquillité, le modérateur de la politique et le lien commun de tous les intérêts.

Ce retour à la prospérité par un moyen si simple pourra paraître, au premier abord, un de ces rêves philantropiques plus faciles à exprimer qu'à réaliser ; mais qu'on y réfléchisse bien, et l'on reconnaîtra que ce qu'on a pu considérer comme un rêve, non-seulement est plus facile à réaliser qu'on ne pense, mais qu'il y a nécessité à ce qu'il en soit ainsi, sous peine d'un bouleversement auquel la France ne saurait échapper si l'état de marasme qui la consume se prolongeait plus long - temps. Il y a urgence à l'en faire sortir au plus tôt ; et l'on n'y parviendra qu'en se hâtant de rétablir par le travail *des moyens d'existence pour ceux qui en manquent, et des garanties de sécurité pour ceux qui peuvent en faire naître.*

C'est vers ce but que l'administration doit diriger tous ses soins. Elle ne peut, sous aucun rapport, avoir d'affaires plus urgentes.

PAR UN ELECTEUR DU IIIᵉ. ARRONDISSEMENT.

Juin 1831.

PARIS.—IMPRIMERIE ET FONDERIE DE FAIN,
RUE RACINE, Nᵒ. 4, PLACE DE L'ODÉON.